MAISON

A. CAVAILLÉ-COLL

13-15, Avenue du Maine, 13-15

PARIS

ORGUES DE TOUS MODÈLES

PARIS

IMPRIMERIE DE LA SOCIÉTÉ DE TYPOGRAPHIE

NOIZETTE, DIRECTEUR

8, RUE CAMPAGNE-PREMIÈRE, 8

1889

GRAND ORGUE DE SALON A DOUBLE EXPRESSION
EXPOSÉ PAR M. A. CAVAILLÉ-COLL
Dans la Galerie Centrale

RÉCOMPENSES DÉCERNÉES A M. A. CAVAILLÉ-COLL

AUTEUR DES ORGUES :

DE SAINT-DENIS, DE LA MADELEINE, DE SAINT-VINCENT-DE-PAUL
DE SAINTE-CLOTILDE, DE LA TRINITÉ
De Saint-Sulpice, de Notre-Dame de Paris
ET DU GRAND ORGUE
DE LA SALLE DES FÊTES DU TROCADÉRO

1° **Médaille de bronze** par la Société d'encouragement, dans sa séance générale du 19 mars 1834.

2° **Médaille d'argent** par le Jury de l'Exposition d'Arras en 1838.

3° **Médaille de bronze** par le Jury de l'Exposition nationale de Paris en 1839, sur le rapport de M. Félix Savart, de l'Institut.

4° **Médaille d'argent**, sa plus forte récompense, par la *Société libre des beaux-arts*, dans sa séance annuelle du 7 mai 1844, sur le rapport de M. Adrien de Lafage, pour les perfectionnements introduits dans le grand orgue de l'église royale de Saint-Denis.

5° **Médaille d'or** par le Jury de l'Exposition nationale de 1844 (M. Delamorinière, rapporteur).

6° **Nouvelle Médaille d'or** par le Jury de l'Exposition nationale de 1849 (M. le baron Séguier, rapporteur).

7° **Décoré de la Légion d'honneur** à la suite de cette même Exposition, en séance solennelle, tenue au Palais de justice, le 11 novembre 1849.

8° **Médaille d'or** par la Société d'encouragement, dans sa séance générale du 17 mai 1854, sur le rapport de M. F. Calla, pour les perfectionnements apportés à la reconstruction du grand orgue de Saint-Vincent-de-Paul.

9° **Grande Médaille d'honneur** par le Jury de l'Exposition universelle de 1855 (Rapporteur, M. Fétis, directeur du Conservatoire royal de Belgique).

10° **Nouvelle médaille d'or** par la Société d'encouragement, dans sa séance générale du 6 avril 1864, pour les perfectionnements apportés dans la reconstruction du grand orgue de Saint-Sulpice.

11° **HORS CONCOURS**, *associé au Jury* de la classe X à l'Exposition universelle de 1867.

12° **Premier grand prix** à l'Exposition de Rome 1870.

13° **Nommé chevalier de Saint-Sylvestre** à la suite de cette même Exposition.

14° **Grand prix, grande médaille d'or unique** à l'Exposition universelle de 1878.

15° **Promu au grade d'officier de la Légion d'honneur** à la suite de cette même Exposition.

16° **Médaille d'or** à l'Exposition de l'Union Centrale des Arts décoratifs en 1887, pour le *Modèle d'orgue monumental de Saint-Pierre de Rome*.

17° **Médaille d'or et Diplôme d'honneur** à l'Exposition Vaticane, à Rome, en 1888, pour le même modèle.

18° **Nommé chevalier de l'Ordre de Saint-Grégoire-le-Grand** à la suite de cette Exposition.

19° **HORS CONCOURS, membre du Jury**, à l'Exposition universelle de 1889.

NOTICE

LA MAISON A. CAVAILLÉ-COLL

L'origine de la Maison A. CAVAILLÉ-COLL remonte à deux siècles. Transférée à Paris en 1834, elle tient aujourd'hui le premier rang dans la facture d'orgues.

En France, la Maison A. CAVAILLÉ-COLL a exécuté pour le Gouvernement, pour les administrations publiques, pour les Fabriques et les particuliers, un nombre considérable de grands travaux d'art qui lui ont valu les plus hautes récompenses accordées à l'industrie.

A l'étranger, dans beaucoup de pays du Continent et d'outre-mer, elle a établi sa réputation par quantité d'instruments importants qui ont obtenu le plus éclatant succès.

Nous donnons plus loin la liste des principales orgues sorties de la manufacture.

Les grands travaux dont cette Maison est constamment occupée, loin d'être un obstacle à la construction d'instruments plus modestes, lui permettent au contraire d'offrir à sa clientèle des avantages sur le prix, la pose et l'entretien des *petites orgues*, auxquelles elle apporte les mêmes soins et les mêmes perfectionnements qu'à ses productions les plus considérables.

Chargée de renouveler un grand nombre d'orgues, elle accepte souvent, par échange, d'anciens instruments de bonne origine, lesquels, parfaitement restaurés, sont encore d'un excellent usage, et peuvent être livrés à des prix très modérés.

L'extension donnée depuis quelques années aux ateliers de cette manufacture, où se construisent toutes les pièces entrant dans la confection des orgues ; les approvisionnements en bois des meilleures essences et en matières de premier choix, joints à un personnel nombreux d'ouvriers et d'artistes formés de longue main et attachés à la Maison A. CAVAILLÉ-COLL, lui permettent d'exécuter dans un délai restreint l'œuvre la plus étendue.

Une grande salle de montage et d'audition, située au centre de l'établissement, permet de dresser et d'essayer les plus grands instruments avant leur mise en place, ce qui constitue une garantie spéciale pour la perfection de l'œuvre. On y trouve d'ailleurs constamment un certain nombre *d'orgues de différentes grandeurs, prêtes à être livrées*, et qui peuvent être essayées.

Depuis 1834, M. ARISTIDE CAVAILLÉ-COLL, chef de la Maison, a obtenu, à toutes les Expositions auxquelles il a pris part, des récompenses de plus en plus élevées, dont le détail précède cette notice, et la supériorité de ses œuvres a été reconnue par les plus hautes notabilités artistiques et musicales, ainsi qu'en font foi les extraits ci-après.

M. Félix SAVART, de l'Institut, rapporteur du Jury de l'Exposition de 1839, disait dans son rapport :

« MM. CAVAILLÉ-COLL père et fils, à Paris, ont exposé un orgue de chœur ou d'accompagnement dit de *huit pieds*, à deux claviers, renfermant seize jeux. Parmi ces jeux, il en est deux *tout à fait nouveaux* : dans l'un, que MM. CAVAILLÉ-COLL appellent la *Flûte octaviante*, les tuyaux, qui sont ouverts aux deux bouts, sont embouchés de manière à donner, non le son fondamental, mais le *premier harmonique* ; dans l'autre, nommé *Flûte harmonique*, ils sont embouchés de manière à faire entendre, les uns le premier, les autres le deuxième, le troisième et jusqu'au septième harmonique. Ces deux jeux sont d'un très bel effet ; ils imitent, le premier, *la petite flûte*, le second, *la flûte traversière*. Le mécanisme de cet instrument est disposé avec intelligence ; il en est de même de la soufflerie. On ne peut également que donner des éloges au choix des matériaux et à la main-d'œuvre. »

M. Fétis, Directeur du Conservatoire royal de musique de Bruxelles, nommé rapporteur du Jury de l'Exposition universelle de 1855, appréciait comme suit, dans son rapport très détaillé, les travaux de M. Cavaillé-Coll :

. . . .

« C'est en cet état que M. Aristide Cavaillé-Coll, considéré aujourd'hui comme le réformateur de la construction des orgues, a trouvé la facture de ces instruments à Paris, lorsqu'il y arriva en 1833. »

Parlant de la nouvelle soufflerie à diverses pressions, le savant rapporteur dit :

« La première innovation faite par M. Cavaillé, dans la facture des orgues, est une des plus importantes, la plus importante même que le siècle présentait vu naître pour l'amélioration de ce grand instrument ; car elle a eu pour effet de mettre en équilibre la force productrice du son et la capacité absorbante des agents de résonance.

« Au mérite d'avoir posé le problème, M. Cavaillé ajoute la gloire de l'avoir résolu par le moyen très simple de plusieurs réservoirs d'air à diverses pressions, l'une de faible densité, l'autre moyenne et la troisième forte. Ces réservoirs sont superposés et alimentent, en raison de leur destination, les tuyaux de la basse, du médium ou du dessus de tous les registres. De là résulte la parfaite égalité qu'on admire dans les instruments de M. Cavaillé, et qui était inconnue avant lui. N'eût-il fait que cette heureuse découverte, il laisserait un nom que n'oublierait pas la postérité. Il en a fait le premier essai dans le grand orgue de Saint-Denis (inauguré en 1841), essai dont le succès fut immédiatement complet, parce que l'œuvre tout entière était la conséquence d'un principe inattaquable. Tout avait été prévu dans cette savante disposition, pour qu'aucun inconvénient ne résultât de cette division du vent en plusieurs réservoirs placés sous des pressions différentes : car ils sont réunis par des conduits élastiques munis de soupapes régulatrices et s'alimentent réciproquement, sans que leurs pressions diverses puissent en être altérées. La Commission, nommée par le Ministre des travaux publics pour l'examen et la réception de l'orgue de Saint-Denis, était composée de MM. Poncelet, baron Séguier, de l'Académie des sciences ; Chérubini, Spontini, Berton, Auber, Halévy, Caraffa, Debret, de l'Académie des beaux-arts ; Lefébure-Wély et Simon, organistes. M. le baron Séguier, rapporteur, s'exprime en ces termes, dans le procès-verbal de réception du grand orgue de l'église royale de Saint-Denis (page 2), en ce qui concerne la conception et l'exécution du bel ensemble dont nous venons de parler : « L'efficacité des soupapes régulatrices a été constatée directement par « l'application d'un manomètre à eau à l'un des réservoirs à air, et l'on a pu acquérir la « certitude que cet important problème, dont la solution assure la justesse d'intonation « d'un grand nombre de tuyaux, avait été complètement résolu. »

« Nous n'entrerons pas ici dans les détails techniques du système complet de la soufflerie, dans les grandes orgues construites par M. Cavaillé-Coll, parce qu'ils nous entraîneraient hors du cadre où nous devons nous renfermer. Nous croyons en avoir dit assez pour faire apprécier la supériorité du système de cet artiste dans cette partie fondamentale de la fabrication des orgues.

« Nous passons à une autre invention non moins importante, qui, seule, ferait la réputation d'un facteur d'orgues. »

M. Fétis parle ici des nouveaux jeux harmoniques introduits par M. A. Cavaillé-Coll dans la facture des orgues :

« Si nous voulions parler de tout ce qui donne aux instruments de M. Cavaillé le cachet de la perfection, de la bonne entente des dispositions, de l'élégance, du fini du mécanisme, ainsi que d'une multitude de détails où les soins les plus minutieux ont présidé, nous serions entraînés fort loin. Nous dirons seulement qu'après le grand orgue de Saint-Denis, il a construit deux autres instruments plus parfaits encore et dont la réputation est européenne, à savoir : ceux de l'église de la Madeleine et de Saint-Vincent-de-Paul, à Paris.

« L'orgue de Saint-Vincent-de-Paul, soit qu'on le considère dans ses principes constitutifs, soit qu'on se livre à l'examen de sa construction mécanique et harmonique, doit être placé avec les plus beaux ouvrages du même maître et en première ligne des chefs-d'œuvre de l'art. »

Le 6 avril 1864, en séance générale de la Société d'Encouragement, il était donné lecture d'un rapport sur le grand orgue de Saint-Sulpice, récemment reconstruit, et dont nous extrayons les lignes ci-après :

« M. A. Cavaillé-Coll a acquis depuis longtemps une réputation méritée par ses travaux de facture d'orgue.

« La reconstruction de l'orgue de Saint-Sulpice a été pour cet habile artiste l'occasion de réunir, dans un ensemble monumental, *tous les perfectionnements dont il a doté la facture moderne*. — Cet orgue est aujourd'hui le plus considérable d'Europe. Il possède 5 claviers complets et un pédalier : 118 registres ou jeux ; 20 pédales de combinaison et environ 7.000 tuyaux.

« Malgré le nombre considérable de jeux, la multiplicité des organes, le développement considérable de la soufflerie, cet orgue présente dans l'ensemble une simplicité majestueuse et une élégante clarté.

« La partie acoustique de l'instrument se fait remarquer par la variété et la distinction des timbres. L'ingénieuse disposition des registres, jointe à la multiplicité des pédales de combinaison, crée à l'organiste des ressources d'exécution inconnues jusqu'à présent.

« Le Conseil, convaincu de la haute valeur des travaux de M. Cavaillé, et reconnaissant les efforts qu'il n'a cessé de faire pour maintenir la facture française *au premier rang en Europe*, lui décerne une *médaille d'or*. »

A côté de ces précieux témoignages revêtant tous un caractère officiel, il convient de citer l'opinion exprimée par quelques personnages éminents dans l'art musical, et par nos principaux organistes.

M. Gevaert, Directeur du Conservatoire royal de musique de Bruxelles, écrivait le 1er février 1875 :

« En ce qui concerne les orgues de M. Cavaillé-Coll, mon opinion, d'accord avec celle

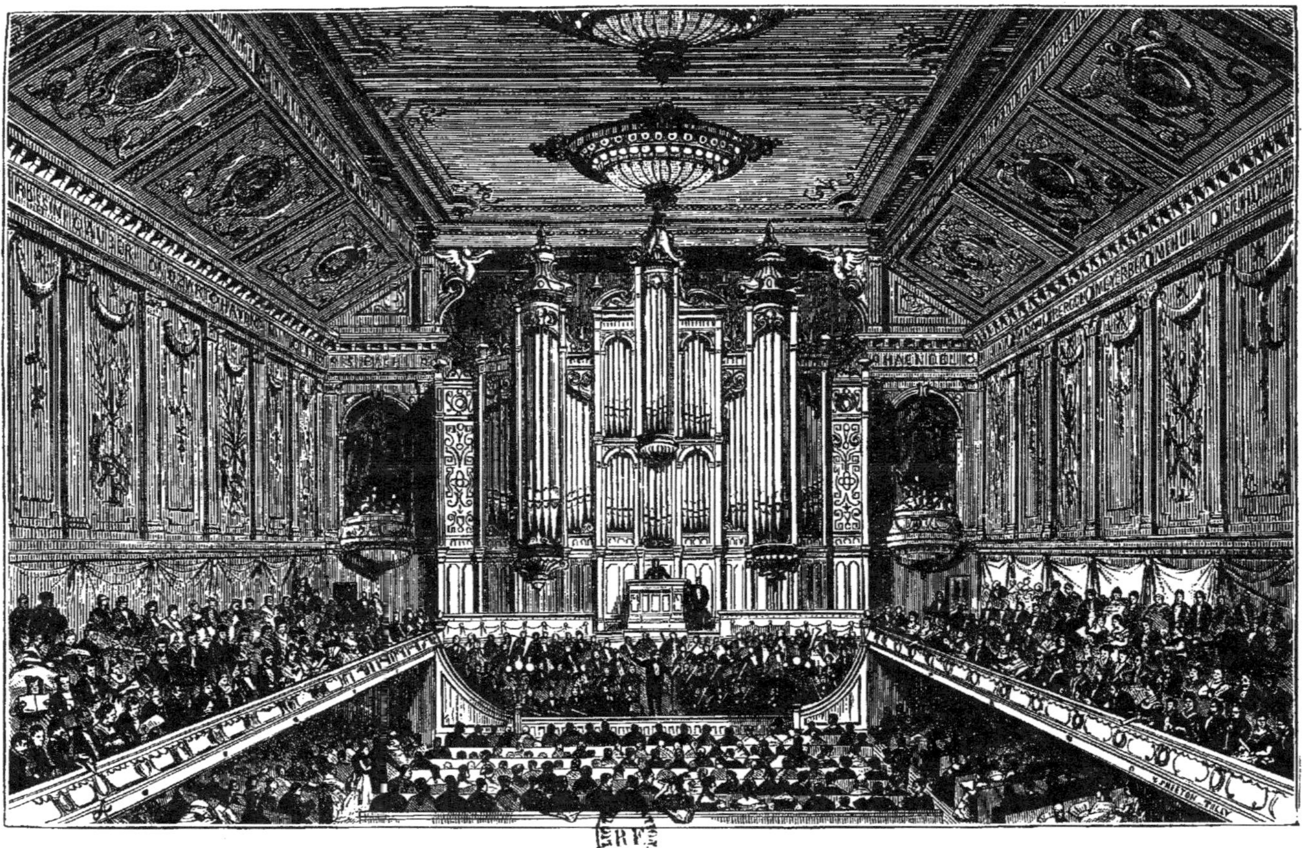

ORGUE DE L'ALBERT-HALL DE SHEFFIELD
CONSTRUIT PAR M. A. CAVAILLÉ-COLL, A PARIS

de tous les artistes compétents, est que ses instruments sont incomparablement supérieurs à ce qui se fait dans ce genre dans l'Europe entière. Perfection et solidité de mécanisme, variété de jeux, distinction de timbre, équilibre entre les diverses régions de l'étendue, toutes les qualités exigibles dans un instrument à clavier se réunissent dans les produits de la maison CAVAILLÉ-COLL. Moi-même, je su's en instance auprès du Gouvernement belge pour obtenir un instrument du célèbre facteur, instrument qui serait destiné aux concerts ainsi qu'aux concours annuels du Conservatoire de Bruxelles. »

M. Alphonse MAILLY, professeur d'orgue au même Conservatoire, écrivait à la même époque :

« Voici très nettement mon sentiment : tout d'abord se présente la question du prix. Je pense qu'en matière d'art, il est assez difficile de s'y attacher d'une façon absolue. Avoir un instrument de premier ordre doit être la grande affaire. Pour ce qui concerne le facteur sur lequel vous voulez bien me consulter, quoi qu'on puisse dire, on n en dira pas assez : « *Cavaillé-Coll est le maître des maîtres.* »

« Je ne crois pas, du reste, à la grande supériorité de ses prix. Si on s adresse à des facteurs secondaires, il est évident qu'il aura, sous ce rapport, une situation impossible. Mais il est de toute justice et de toute sagesse de ne compter qu'avec des maisons de premier ordre et, dans ces conditions, le célèbre organier français ne présente rien d'anormal. »

M. LEMMENS, l'artiste et le savant qui a transformé l'école de l'orgue dans une grande partie de l'Europe, le maître de la plupart des organistes les plus justement réputés de notre époque, exprime ainsi son opinion sur M. Cavaillé-Coll :

« C'est toujours un bonheur pour moi que de pouvoir témoigner en faveur de M. CAVAILLÉ-COLL. Dans mon opinion, il n'a pas de rival sérieux. Les facteurs d'orgues de toutes les nations sont forcés à lui emprunter ses belles inventions, qu'en véritable artiste il a abandonnées à la facture. »

M. BEST, le premier organiste d'Angleterre, titulaire des magnifiques instruments de Liverpool et de l'Albert-Hall de Londres, compositeur aussi fécond qu'exécutant hors ligne, apprécie comme suit le grand orgue de l'Albert-Hall de Sheffield :

« En réponse à votre demande concernant l'orgue construit par M. CAVAILLÉ-COLL pour l'Albert-Hall de Sheffield, je suis heureux de pouvoir vous dire que c'est un instrument de la plus grande excellence. A peine est-il besoin d'ajouter qu'en quelque lieu que ce soit, M. CAVAILLÉ-COLL est considéré comme un artiste tenant absolument le premier rang (1). »

1. » In answer to the inquiry as to the organ built by M. Cavaillé-Coll for the Albert-Hall » Sheffield, I am happy to inform you that it is an instrument of the greatest excellence, and » I need hardly add that M. Cavaillé-Coll is esteemed everywhere as an artist of the very first rank »

A propos du même instrument, voici ce que disait M. Guil-
mant, l'éminent organiste de la Trinité, à Paris :

« J'ai eu souvent, depuis une vingtaine d'années, l'occasion d'examiner de près les grands
travaux de M. Cavaillé-Coll, tels que les orgues de Notre-Dame, de Saint-Sulpice, etc.,
et j'ai acquis la conviction profonde que sa facture tient tout à fait le premier rang en France
comme en Angleterre. Ce qui m'a beaucoup frappé dans ses orgues, c'est la disposition
parfaite du mécanisme et le soin apporté à toutes les parties dont se composent des
instruments aussi compliqués. J'ai à la Trinité un grand orgue, dont le mécanisme n'a
pas été retouché depuis plusieurs années, et qui néanmoins fonctionne avec une précision
mathématique... Ce que j'admire le plus dans les ouvrages de M. Cavaillé-Coll, c'est l'art
avec lequel ses jeux sont harmonisés, leur variété de timbre et la rondeur des jeux de
fond. Je ne vous parlerai pas du choix des matériaux employés par ce célèbre facteur
et de leur valeur intrinsèque, ni de la supériorité des jeux d'anche, les plus difficiles
à traiter, et que les Anglais et les Allemands réussissent fort médiocrement, car je crois
que ces points sont indiscutables dans les orgues de M. Cavaillé-Coll. »

« Quant à l'orgue de l'Albert-Hall de Sheffield...... je puis vous affirmer que cet instrument est admirable de tout point et que je n'ai pas trouvé son équivalent en Angleterre,
quoique j'y aie joué sur les plus grands instruments. »

« Pour me résumer, je crois, en conscience, que M. Cavaillé-Coll est certainement le
plus habile facteur d'orgues de notre époque. C'est aussi l'opinion de mon maître,
M. Lemmens, le célèbre organiste, à qui vous pourriez écrire pour lui demander son
appréciation. »

M. Ch. M. Widor, le savant organiste du grand orgue de
Saint-Sulpice, à Paris, dans l'avant-propos de la dernière
édition de ses *Symphonies pour orgue*, rend hommage en ces
termes aux inventions et perfectionnements apportés à l'orgue
par M. A. Cavaillé-Coll :

. . . .

« Ce n'est guère au delà de la fin du siècle dernier que remonte l'invention de la *Boîte
expressive*. Dans un ouvrage publié en 1772, le Hollandais Hess de Gouda témoigne de
l'admiration ressentie en entendant Haendel, à Londres, aux prises avec le nouvel engin;
peu après, en 1780, l'abbé Vogler recommande l'emploi de la « boîte » dans la facture
allemande. L'idée faisait son chemin, mais sans grand effet artistique, car malgré les plus
intelligents efforts (1) on ne parvenait pas à dépasser les limites d'un clavier de trente notes
et d'un nombre insignifiant de registres.

« Il faut attendre jusqu'en 1839 la solution du problème.

« L'honneur en revient à l'industrie française et la gloire à M. A. Cavaillé-Coll. C'est
lui qui a imaginé les diverses pressions de soufflerie, les doubles layes des sommiers, les
systèmes de pédales et de registres de combinaison, qui a pour la première fois appliqué
les moteurs pneumatiques de Barker, créé la famille des jeux harmoniques, réformé et
perfectionné la mécanique de telle façon que tout tuyau, grave ou aigu, fort ou faible,
obéit instantanément à l'appel du doigt, les touches devenant légères comme celles d'un
piano, les résistances étant supprimées et la concentration des forces de l'instrument rendue

1. Expériences de Sébastien Erard Orgue construit en 1826 pour la Chapelle de la Légion
d'honneur de Saint-Denis, exposé au Louvre en 1827

pratique. De là résultent : la possibilité de détenir un orgue entier dans une prison sonore ouverte ou fermée à volonté, la liberté d'association des timbres, le moyen de les renforcer ou de les tempérer graduellement, l'indépendance des rythmes, la sécurité des attaques, l'équilibre des contrastes, et enfin toute une éclosion de couleurs admirables, toute une riche palette aux tons les plus divers, flûtes harmoniques, gambes à frein, bassons, cors anglais, trompettes, voix célestes, jeux de fond et jeux d'anche de qualité et de variété inconnues jusqu'alors.

« Tel est l'orgue moderne, essentiellement symphonique. »

En 1887, M. le Ministre de l'Instruction publique, des Beaux-Arts et des Cultes, invita l'Académie des Beaux-Arts à nommer une Commission chargée d'examiner le modèle au 1/10ᵉ du projet d'orgue monumental de Saint-Pierre de Rome.

Les académiciens qui en firent partie furent :

MM. Ambroise Thomas, Ch. Gounod, Reyer, Massenet, Saint-Saëns, Léo Delibes, de la section de composition musicale ; Cavelier et Barrias, de la section de sculpture ; Ch. Garnier et Ginain de la section d'architecture.

MM. Questel et Daumet, de la section d'architecture, M. Thomas, statuaire, et M. le baron Haussmann, académicien libre, s'étaient joints à la Commission.

Dans la séance de l'Académie des Beaux-Arts du 30 juillet 1887, M. Ch. Garnier lut, au nom de la Commission, un rapport dont nous extrayons les passages suivants :

« Messieurs,

« M. le Ministre de l'Instruction publique, des Beaux-Arts et des Cultes, a demandé à l'Académie des Beaux-Arts de nommer une Commission chargée d'examiner un modèle d'orgue monumental que M. Cavaillé-Coll se propose de construire pour la Basilique de Saint-Pierre de Rome.

« Vous avez, Messieurs, nommé cette Commission, qui s'est rendue dans les ateliers de M. Cavaillé-Coll, et c'est en son nom que j'ai l'honneur de vous faire connaître son avis.

« Tout d'abord, bien que nos confrères de la section de musique fissent partie de la Commission, celle-ci n'a pas eu à se préoccuper de l'instrument au point de vue musical. En effet, ce n'était qu'un modèle qui nous était présenté au dixième de l'exécution, et naturellement il n'y avait aucun clavier, aucune soufflerie ni aucun tuyau utilisable. C'était donc seulement de la convenance de l'emplacement choisi et de la forme du buffet que nous avions à nous préoccuper.

« Néanmoins, pour donner une idée de la puissance harmonique de l'instrument, nous pouvons dire que cet orgue aurait 155 registres ou jeux, 28 pédales de combinaison et environ 8.316 tuyaux comprenant toute l'étendue des sons perceptibles, soit dix octaves complètes, et que les grands tuyaux auraient 14 mètres de hauteur sur 0ᵐ,55 de diamètre.

« Ce n'était pas sans une certaine appréhension que nous voyions une adjonction auss importante être faite à l'entrée de la nef de Saint-Pierre. Ce superbe édifice, composé d'un seul jet dans sa partie intérieure, a une harmonie de composition qu'on pouvait craindre de voir détruite par la construction de cet immense buffet. Mais les craintes se sont dissipées à la vue du modèle, d'autant plus que les documents relatifs à la Basilique ayant été mis sous nos yeux, nous avons pu constater que l'intérêt architectural de l'Église de Saint-Pierre n'était pas dans la paroi du mur d'entrée du côté de la nef. Ce qui devait être caché par l'orgue n'ajoutait rien en somme à l'effet général de l'édifice, et votre Commission a pensé que, loin de nuire à l'aspect du vaisseau, l'arrangement proposé par M. Cavaillé-Coll pourrait au contraire fournir un motif de décoration très heureux et formant comme un point de rappel du grand baldaquin placé sous la coupole.

. . . .

« Quoi qu'il en soit des résolutions qui pourront être prises à l'avenir, votre Commission vous propose de féliciter M. Cavaillé-Coll de son projet d'orgue pour la Basilique de Saint-Pierre et de lui donner la preuve que l'Académie s'intéresse toujours aux travaux artistiques faits avec conscience, talent et volonté. »

Nous arrêtons ici l'énumération de ces nombreuses attestations d'artistes éminents, qui toutes sont en faveur des œuvres de la maison A. CAVAILLÉ-COLL, et, pour compléter cette notice, nous donnons plus loin quelques dessins de modèles d'orgues, avec la composition des jeux correspondant à chacun en regard de la planche.

PROJET D'ORGUE MONUMENTAL

PAR M. A. CAVAILLÉ-COLL, FACTEUR D'ORGUES, A PARIS

COMPOSITION PAR M A. SIMIL, ARCHITECTE

LISTE DES PRINCIPALES ORGUES

EXÉCUTÉES

PAR LA MAISON A. CAVAILLÉ-COLL

ÉGLISES ET CHAPELLES DE PARIS

Barnabites (église des Pères). — Gr. orgue.
St-Bernard de la Chapelle. — Gr. orgue.
Carmes (église des). — Grand orgue.
Dames de l'Adoration réparatrice. — G. o.
Dames Bénédictines du T.-S.-Sacrement.
Dames des Sacrés-Cœurs. — Gr. orgue.
Dames Sainte-Marie. — Grand orgue.
Dames Sainte-Clotilde. — Grand orgue.
Dames de Sion. — Grand orgue.
Ecole Fénelon. — Grand orgue.
EGL. EPISCOPALE AMÉRICAINE.— G. o.
Eugène Napoléon (Maison). — Grand org.
Fidèles Compagnes de Jésus. — Org. de ch.
Lazaristes (église des). — Grand orgue.
MADELEINE (la). — *Grand orgue de 32 pieds.*
Madeleine (la). — Orgue de chœur.
NOTRE-DAME. — *Grand orgue de 32 pieds.*
NOTRE-DAME D'AUTEUIL. — Gr. orgue.
Notre-Dame de Bercy. — Grand orgue.
Notre-Dame (Congrég. de). — Gr. orgue.
NOTRE-DAME DES CHAMPS. — Gr. orgue.
Notre-Dame des Champs. — Orgue de ch.
NOTRE-DAME DE LA CROIX. — Gr. orgue.
Notre-Dame de la Croix. — Org. de chœur.
Notre-Dame de la Gare. — Grand orgue.
NOTRE-DAME DE LORETTE. — Gr. org.
Petit Séminaire de Paris. — Grand orgue.
Sainte-Anne (Asile clinique). — Grand orgue.
Saint-Augustin. — Orgue de chœur.
SAINTE-CLOTILDE. — *Gr. or. de 32 pieds.*
ST-DENIS DU ST-SACREMENT. — Gr. o.
St-Denis du St-Sacrement. — Orgue de ch.
SAINT-ÉTIENNE DU MONT. — Grand org.

SAINT-FRANÇOIS-XAVIER. — Gr. orgue
Sainte-Geneviève (Panthéon). — Gr. org.
Saint-Honoré. — Orgue de chœur.
ST-JACQUES DU HAUT-PAS. — G. o. de ch.
ST-JEAN-BAPTISTE DE BELLEVILLE.
   — Grand org.
SAINT-JEAN-SAINT-FRANÇOIS. — G. o
Saint-Jean-Saint-François. — Org. de ch.
SAINT-LOUIS-D'ANTIN. — Grand orgue.
Saint-Marcel. — Grand orgue et org. de ch.
SAINT-MERRY. — Grand orgue.
SAINT-PAUL-SAINT-LOUIS. — Gr. org.
Saint-Paul-Saint-Louis. — Orgue de chœur
Saint-Pierre-Montmartre. — Gr. orgue.
SAINT-ROCH. — Grand orgue.
Saint-Roch. — Orgue de chœur.
SAINT-SULPICE. — *Gr. orgue de 32 pieds.*
Saint-Sulpice. — Grand orgue de chœur.
SAINT-THOMAS-D'AQUIN. — Gr. orgue.
SAINTE-TRINITE. — *Gr. orgue de 32 pieds*
Sainte-Trinité. — Orgue de chœur.
SAINT-VINCENT-DE-PAUL.—*Gr. o. de 32 p.*
Saint-Vincent-de-Paul. — Orgue de chœur
Petit Collège Stanislas. — Grand orgue.
Sorbonne (église de la). — Grand orgue.
Temple des Billettes. — Grand orgue.
Temple de l'Étoile. — Grand orgue.
Temple de Grenelle. — Grand orgue.
Temple israélite. — Grand orgue.
Temple de l'Oratoire. — Grand orgue.
TEMPLE DE PANTHEMONT. — Gr. orgue.
Temple de la Rédemption. — Gr. orgue.
Temple Suédois. — Grand orgue.

DIVERS DE PARIS

M. Edouard André. — Gr. orgue de salon.
Mlle Rosine Bloch. — Orgue de salon.
M. le Cte de Chambrun. — G. or. de chapelle.
Conservat. de musique. — G. o. et o. d'étude.
École normale supér. — O. p. exp. d'acoust.
M. le Baron d'Erlanger. — Gr. org. de salon.
Faculté des Sciences à Paris. — O. harm.
M. Eugène Gigout. — Grand orgue d'étude.
M. Charles Gounod. — Grand orgue de sal.

Institution des Jeunes Aveugles. — G. o.
Inst. des Jeunes Aveugles. — 2 org. d'ét.
Opéra. — Grand orgue.
Opéra-Comique. — Grand orgue.
M. le comte d'Osmont. — Gr. org. de salon.
M. Poirson. — Grand orgue de salon.
M. Taskin. — Orgue de salon.
PALAIS DU TROCADÉRO. — Gr. orgue.
Mme P. Viardot. — Grand orgue de salon.

CATHÉDRALES ET ÉGLISES DE FRANCE

AIX. — Cathédrale : grand orgue.
AJACCIO. — Cathéd. : gr. orgue et orgue de ch.
Alby. — Couvent de Notre-Dame : gr. orgue.
Alby. — Église Saint-Salvy : orgue de chœur.
Alger. — Temple protestant.
Allevard. — Eglise paroissiale : grand orgue.
AMIENS. — Cathédrale : grand orgue.
Amiens. — Couv. des Ursulines : gr. orgue.
Andelys (les). — Egl. parois. : org. de chœur.
ANGERS. — Cathéd. : *grand orgue de 32 pieds*.
Angers. — Eglise Notre-Dame : org. de ch.
ANGERS. — Eglise Saint-Joseph : gr. orgue.
ANNONAY. — Eglise Notre-Dame : gr. orgue.
Antibes. — Baron de l'Espée : grand orgue.
Arc-les-Gray. — Eglise parois. : gr. orgue.
Arles. — Eglise Ste-Trophime : org. de chœur.
Auch. — Cathédrale : orgue de chœur.
Autun. — Cathédrale : orgue de chœur.
Avignon. — Dames des Sacrés-Cœurs : gr. org.
Avignon. — Temple protestant : org. de ch.
BAGNÈRES-DE-BIGORRE. — Eg. d. Carmes.
Bagnères-de-Luchon. — Egl. parois. : g. org.
BAILLEUL. — Eglise parois. Saint-Amand.
Barbeville. — Chap. du baron Gérard : g. or.
BAYEUX. — Cathédrale : grand orgue.
Bayeux. — Cathédrale : orgue de chœur.
Belle-Isle-en-Mer. — Eg. par. du Pal., g. o.
Bellevue. — Eglise paroissiale : grand orgue.
BELLEY. — Cathédrale : grand orgue.
Bergerac. — Eglise Saint-Jacques : gr. org.
BERGUES. — Eglise paroissiale : grand org.
Bétharam (abbaye). — Eglise Notre-Dame.
BÉZIERS. — Cathédrale Saint-Nazaire : g. o.
Bolbec. — Eglise paroissiale : grand orgue.
Bolbec. — Temple protestant : orgue de ch.

Bordeaux. — Eglise des Carmes : grand org.
Boulogne-sur-Seine. — Eg. paroiss. : gr. o.
Bourges. — Dames des Sacrés-Cœurs : gr. o.
Braine. — Eglise paroissiale : grand orgue.
Brest. — Eglise Saint-Martin : grand orgue.
CAEN. — Eg. St-Etienne : *grand org. 32 pieds*.
CAEN. — Eglise Saint-Pierre : grand orgue.
Caen. — Eglise Saint-Jean : orgue de chœur.
Caen. — Eglise de la Sainte-Trinité : gr. or.
Caen. — Paroisse de Vaucelles : grand orgue.
Cambrai. — Grand séminaire : grand orgue.
CARCASSONNE. — Cathéd. : grand orgue.
Carcassonne. — Cathéd. : orgue de chœur.
CASTELNAUDARY. — Eg. St-Michel : gr. o.
Cattenon. — Egl. parois. : grand orgue.
Cette. — Egl. St-Joseph : orgue d'accompagn.
Chalon-sur-Saône. — St-Pierre : org. de ch.
Châlon-Saint-Cosme. — Egl. par. : gr. org.
Chantilly. — Egl. parois. : grand orgue.
Charleville. — Egl. parois. : orgue de chœur.
Charly-sur-Marne. — Egl. parois. : gr. org.
Charmes. — Egl. parois. ; grand orgue.
CHATEAU-GONTIER. — St-Jean : gr. org.
Châteauneuf-sur-Cher. — Eg. p. : g. o. d'acc.
Château-Renault. — Egl. parois. : gr. orgue.
Châteauvillain. — Egl. parois. : gr. orgue.
CHAUMONT. — Egl. St-Jean-Baptiste : g. o.
Chaussin. — Egl. parois. : grand orgue.
Clamecy. — Egl. St-Martin : grand orgue.
Clesles. — Egl. parois. : orgue de chœur.
Colombey-les-Belles. — Egl. parois. : g. o.
COMPIÈGNE. — Egl. St-Jacques : gr. orgue.
Coulommiers. — Eglise parois. : gr. orgue.
Couzances-les-Forges. Eg. parois. : gr. org.
Creil. — Eglise paroissiale : grand orgue.

Dammartin-en-Goële. — Egl. par. : **gr. org.**
Dax. — Berc.-de-St-Vincent-de-Paul : gr. org.
Deauville. — Eglise paroiss. : grand orgue.
Decazeville. — Egl. paroissiale : gr. orgue.
Dieppe. — Eglise Saint-Jacques : org. de ch.
DIGNE. — Cathédrale : grand orgue.
Digne. — Cathédrale : orgue de chœur.
Dinan. — Saint-Sauveur : grand orgue.
DORAT (le). — Eglise collégiale : **gr. orgue.**
Doulaincourt. — Egl. parois. : grand orgue.
DREUX. — Chapelle du château : gr. orgue.
DREUX. — Eglise paroissiale : grand orgue.
Dunkerque. — Eglise St-Martin : gr. orgue.
Dunkerque. — Chap. des Orphelines : gr. org.
Dunkerque. — Patronage : orgue de chœur.
Ecouen. — Maison de la Lég. d'honn. : gr. org.
ELBEUF. — Egl. de l'Immac.-Concep. : gr. org.
ELBEUF. — Egl. St-Etienne ; org. de chœur.
ELBEUF. — Eglise Saint-Jean : grand orgue.
Enghien-les-Bains. — Egl. parois. : gr. org.
ÉPERNAY. — Eglise paroissiale : gr. orgue.
Épernay. — Eglise paroissiale : grand orgue.
Esne (Meuse). — Egl. parois. : orgue de ch.
FÉCAMP. — Egl. Ste-Trin. : gr. o. et org. de ch.
Ferté-sous-Jouarre. — Egl. parois. : g. org.
La-Ferté-St-Aubin. — C. de M. Leroux : o. de s.
Fontainebleau. — Saint-Louis : grand orgue.
Fontenailles. — Egl. paroissiale org. de ch.
Fontenay-le-Vicomte. — Egl. par. : gr. org.
Fréjus. — Cathédrale : grand orgue.
Gaillac. — Egl. St-Michel grand orgue.
GERBEVILLER. Ch. du ms de Lambertye g. or.
Gerbeviller. — Egl. parois. : gr. org. de ch.
Gignac. — Eglise paroissiale : grand orgue.
Givet. — Eglise Notre-Dame : grand orgue.
Gordes. — Eglise parois. : gr. org. de ch.
Grenade. — Eglise paroissiale : grand orgue.
Grenoble. — Cathédrale : grand orgue.
Guéménée-Panfao. — Egl. par. : org. de ch.
LE HAVRE. — Saint-Michel : grand orgue.
Le Havre — Saint-Joseph : orgue de chœur.
Havre (le). — Temple protestant : org. de ch.
Hendaye. — Egl. paroissiale : grand orgue.
Héricourt. — Egl. paroissiale : grand orgue.
Isle-Adam. (l') — Egl. parois. : orgue de ch.
Issy-sur-Seine. — Eglise parois. : gr. org.
Langon. — Eglise paroissiale : grand orgue.
Lannion. — Couvent Ste-Anne : grand orgue.
LAVAL. — Cath. : gr. orgue et orgue de ch.
LAVAUR. — Cath. Saint-Alain : grand orgue.
Lion-d'Angers. — Eglise paroiss. : gr. orgue.
LISIEUX. — Cath. : *grand orgue de 32 pieds.*
Lille. — N.-Dame de la Treille : gr. org. de ch.

Les Loges. **Maison de la Lég. d'hon** : gr. or.
Long. — Eglise paroissiale : grand orgue.
Longjumeau. — Egl. paroissiale : grand org.
Longueville. — Egl. paroissiale : gr. orgue.
Lorient. — Eglise St-Louis : grand orgue,
Loudéac. — Eglise paroissiale : orgue de ch.
LOURDES. — Basilique de Notre-D. : gr. org.
Lourdes. — Basilique de Notre-D. : org. de ch.
LUÇON. — Cathédrale : grand orgue.
Lunel. — Église : grand orgue.
LYON. — Eglise St-François : grand orgue.
LYON. — Maison du S.-Cœur de la Ferrandière.
LYON. — RR. PP. Jésuites : grand orgue.
Lyon. — Couvent des Carmes : grand orgue.
Lyon. — Eglise d'Ainay : orgue de chœur.
Lyon, — Couvent du S.-C. des Anglais : gr. or.
Lyon. — Eglise Sainte-Croix : grand orgue.
Lyon. — Couvent des Ursulines : grand orgue.
Mâcon. — Eglise Saint-Vincent : orgue de ch.
Mâcon. — Eglise Saint-Pierre : orgue de ch.
Malakoff (Seine). — Egl. parois. gr. org.
Mans (le). — N.-D. de la Couture : org. de ch.
Marmande. — Eglise paroissiale : gr. orgue.
MARSEILLE. — Egl. Saint-Charles : g. org.
MARSEILLE. — Eg. St-Joseph : g. o. et o. de ch.
Mayenne. — Petit Séminaire : org. d'accomp.
Mazamet. — Eglise St-Sauveur : grand orgue.
Mesnil-sur-Oger. — orgue de chœur.
METZ. — Cathédrale : orgue de chœur.
Metz. — Chapelle du Séminaire : orgue de ch.
MOISSAC. — Egl. St-Pierre : grand orgue.
Molay. — Chap. du cte de Chabrol : org. de ch.
Mongré. — RR. PP. Jésuites : grand orgue.
Montargis. — Eglise paroissiale : grand org.
Montélimar. — Couvent des Carmes : g. org.
Montfort-en-Chalosse. — Orgue d'accomp.
Montpellier. — Chap du gr. sémin. : or. de ch.
Moreuil. — Chap. N.-D. de Lorette. gr. org.
Motte-aux-Bois. — Egl. paroissiale : gr. org.
Moulins. — Maison du Sacré-Cœur : org. de ch.
Moutiers. — Cathédrale : grand orgue.
MULHOUSE. — Egl. catholique : grand orgue.
NANCY. — Cathédrale : *gr. org. de 32 pieds.*
NANCY. — Saint-Léon : grand orgue.
Nancy. — Temple israélite : orgue de chœur.
Nantes. — Eglise Saint-Clément : orgue de ch.
Narbonne. — Eglise St-Sébastien : grand org.
Neuilly. — Eglise paroissiale : orgue de ch.
Nevers. — Cathédrale : orgue de chœur.
Nevers. — Saint-Étienne : grand orgue.
Nîmes. — Cathédrale : orgue de chœur.
NIMES. — Eglise St-Paul : grand orgue.
Nîmes. — Eglise Sainte-Perpétue. gr. orgue.

Nuits-sous-Beaune. — Egl. parois. : gr. or.
OLORON. — Cathédr. Ste-Marie : gr. orgue.
ORLÉANS. — Cathédrale : *gr. org. de 32 pieds.*
Orléans. — Cathédrale : orgue de chœur.
Orléans. — Eglise St-Paterne : grand orgue.
Orléans. — Eg. N.-D. de Recouvrance : gr. or.
Orthez. — Eglise Saint-Pierre : grand orgue.
Paray-le-Monial. — Basilique : org. de ch.
PAU. — D. de l'Ador. réparatrice : gr. orgue.
PERPIGNAN. — Cath. . *gr. org. de 32 pieds.*
Perpignan. — Cathédrale : orgue de chœur.
Perpignan. — D. du Sacré-Cœur : gr. orgue.
PÉZENAS. — Eglise St-Jean : grand orgue.
Pézenas. — Egl. Ste-Ursule : grand orgue.
Pierrefitte. — Eglise paroissiale : org. de ch.
Pithiviers. — Eglise paroissiale : grand. or.
POLIGNY. — Eg. par. : gr. org. et org. de ch.
Pontivy. — Eglise paroissiale : grand orgue.
PONTOISE. — Egl. St-Maclou : grand orgue.
Pontoise. — Egl. St-Maclou : orgue de ch.
Port-Louis. — Eglise paroissiale : gr. orgue.
Preuilly. — Chap. du château : grand. orgue.
Puy-en-Velay. — Eglise parois. : org. de ch.
QUIMPER. — Cathédrale : grand orgue.
Rabastens. — Egl. N.-D. du Bourg : gr. org.
Reims. — Saint-Maurice : gr. org. d'accomp.
RENNES. — Cathédrale : grand orgue.
Rennes. — Eglise des Carmes : org. de chœur.
Rennes. — Hospice St-Yves : grand orgue.
Rieumes. — Eglise parois. : grand orgue.
Roche-Derrien (la). — Egl. par. : gr. orgue.
Roche-sur-Yon. — Egl. par. : grand orgue.
Rochelle (la). — Temple protest. : org. de ch.
Romorantin. — Egl. parois. : grand orgue.
Roubaix. — Egl. des Récollets : grand orgue.
ROUEN. — Eglise de Bon-Secours : gr. org.
ROUEN. — Eglise St-Godard : grand orgue.
Rouen. — Egl. Saint-Godard : org. de chœur.
Rouen. — Eglise St-Gervais ; grand orgue.
ROUEN. — Eglise Saint-Ouen : grand orgue.
RUEIL. — Eglise paroissiale : grand orgue.
Rumigny. — Eglise parois. : grand orgue.
St-Amand-Montrond. — Egl. par. : gr. org.
Ste-ANNE-D'AURAY.—Eg. du Pèlerin : g. o.
SAINT-BRIEUC. —Cathédrale : gr. orgue.
SAINT-BRIEUC. — St-Michel : gr. orgue.
Saint-Cloud. — Egl. paroissiale : gr. orgue.
SAINT-DENIS. — Basil. : *gr. org. de 32 pieds.*
Saint-Denis. — Orgue de chœur.
St-Denis. — M. de la Légion d'honneur.

SAINT-DIZIER. — Egl. N.-D. : grand orgue.
St-Dizier. — Couvent de l'Assomption : gr. or.
St-Etienne. — Egl. de Valbenoîte : gr. org.
St-Gaudens. — Eglise paroiss. : grand orgue.
St-Georges-sur-Loire. — Eg. par. : org. de ch.
St-Germain-les-Corbeil. — Egl. par. : g. or
St-Germain-en-Laye. — Egl. par. : gr. org
Saint-Germain-en-Laye. — Eg. p. : or. de c.
St-Girons. — Eglise paroissiale : gr. orgue
St-Leu-Taverny. — Egl. par. : grand orgue.
St-Malo. — Eglise parois. : orgue de chœur.
St-Martin-au-Laërt. — Egl. par. : gr. orgue
ST-OMER. — Cat. : gr. org. à *quatre claviers*
St-Omer. —Dames de Sion : grand orgue.
St-Palais. — Eglise paroissiale : grand orgue.
ST-PIERRE-LES-CALAIS. — Gr. orgue.
St-Pourçain. — Eglise parois. : grand orgue.
St-Quentin. — Hôtel-Dieu : grand orgue.
St-Servan. — Couvent Sainte-Anne. : gr. or.
ST-SERVAN. —Eglise paroiss. : grand orgue.
St-Servan. — Egl. paroiss. : orgue de chœur.
St-Sever. — Couvent des Ursulines : gr. or.
Sceaux. — Eglise paroissiale : grand orgue.
SÉEZ. — Cathédrale : grand orgue.
Séez. — Cathédrale : orgue de chœur.
SEGRÉ. — Eglise paroissiale : grand orgue.
Sèvres. — Eglise parois. : orgue de chœur.
TARARE. — Sainte-Madeleine : grand orgue.
TOULOUSE. — Cat. : gr. org. et org. de ch
Toulouse. — Eglise St-Jérôme : grand orgue.
TOULOUSE. — Eglise de Jésus : gr. orgue.
TOULOUSE. — Saint-Sernin : *gr. org. de 32 p.*
Tournus. — Eglise parois. : grand orgue.
Tours. — Temple protestant : org. d'accomp.
Trouville-s.-Mer. — E. N.-D. des Vic. g. or.
Tunis. — Cathédrale provisoire : grand orgue
Ussel. — Eglise paroissiale : grand orgue.
Vanves. — Eglise parois. : orgue de chœur.
Vaucluse. — Asile clinique : grand orgue.
Verneuil. — Eglise Sainte-Madeleine : gr. or.
VERSAILLES. — Cathédrale : grand orgue.
Versailles. — Cathédrale : orgue de chœur.
VERSAILLES.—Chapelle du Château : gr. or.
Versailles. — Sainte-Elisabeth.
Versailles. — Temple israélite : gr. orgue.
Vichy. — Eglise Saint-Louis : grand orgue.
Vidalon-l.-Annon. MM. Canson et Mongolfier.
Villeblevin. — Eglise paroissiale : gr. orgue.
Vire. — Egl. de l'Hôp. St-Louis : grand orgue.
Vitry-le-Français. — Hôtel-Dieu : gr. orgue.

ÉTRANGER

Amérique. — MM. AGARD DE NARD : or. de ch.
Amérique. — ALCAIN et Cie : or. de ch.
Amérique. — ALCAIN et Cie : org. de ch.
Amérique. — BIHOUR : orgue de chœur.
Amérique. — CARTON ET CAMBISSA.
Amérique. — DUPONT : grand orgue.
Amérique. — GUERRICO : gr. org. à 2 cl.
Amérique. — LEFÈVRE ET AMAURY : o. de c.
Amérique. — LEFÈVRE (Edouard) et Cie.
Amérique. — OLANO : orgue de chœur.
Amérique. — RACINE ET PEROT : or. de c.
Amérique. — THIRION ET DAMMIEN : o. de c.
Angleterre. *Bellahouston.* — Eg. par. gr. or.
ANGLETERRE. — *Blackburn.* Egl. parois.
ANGLETERRE *Keiton-Hall* M. HOPWOOD. 32 p.
Angleterre. *Londres.* — Couv. du Bon-Pasteur.
ANGLETERRE *Londres* M. HOPWOOD g. o. sal.
ANGLETERRE. *Londres* E. des C. Kensington
ANGLETERRE. *Manchester.* — Hôtel de Ville.
ANGLETERRE. *Paisley Abbay.* — Gr. orgue.
ANGLETERRE. *Sheffield* — Org. *de* 32 *pieds.*
Belgique *Anvers.* — RR. PP. Rédemptoristes.
BELGIQUE. *Bruxelles.* — Conservatoire : g. o.
BELGIQUE. *Bruxelles.* — Ch. du S.-C. : g. or.
BELGIQUE. *Gand.* — Egl. des Jésuites : g. org.
BELGIQUE. *Gand.* — Eg. St-Nicolas : g. org.
Belgique. *Gesves.* — Eglise. parois. : gr. org
BELGIQUE *Gesves* M le Cᵉ de LIMINGHE : o. de s.
Belgique. *Louvain.* — Eg. St-Joseph : g. org.
Bolivie. — M. le gén. SANTA-CRUZ : or. de ch.
Brésil. *Bahia.* — MM. FOULD frères.
Brésil. *Campinas.* — M. DELAUNAY, gr. orgue.
Brésil. *Itu.* — Eglise paroissiale : grand orgue.
BRÉSIL. *Para.* — Cathédrale : grand orgue.
Brésil. *St-Paul.* — Orgue d'accompagnement.
Brésil. *Rio-de-Janeiro.* M. RÉE : grand orgue.
Brésil, *Rio-de-Janeiro.* MM. ARON et Cⁱᵉ, g. o.
Brésil. M. Joaquim de MONTE-CARMELO. g. or.
Chili. — M. MARCO DEL PONT : grand orgue.
Chili. *Santiago.* — Dames des S.-C. : 2 g. o.
CHILI. *Santiago,* — M. RESPALDIZA : gr. org.
Chili. *Valparaiso.* M. MARCO DEL PONT.
CHILI. *Valparaiso.* — Egl. des Sacrés-Cœurs.
Chili. *Valparaiso.* — Collège du S.-C. . orgue.

Chili. *Valparaiso.* — MM. R. BELLOC et Cⁱᵉ.
CHINE. *Pékin.* — Cathédrale : grand orgue.
CHINE. *Pékin.* — Nouvelle Cathéd. : gr. org.
Colombie. *Buenaventura.* — MM. PRÉVOST DESPALANGUES.
Costa-Rica — M. MARCO DEL PONT : org. de ch
Costa-Rica. — Grand orgue.
Espagne. *Alegria.* — Egl. parois. . gr. orgue.
Espagne. *Alzá.* — Ermitage : gr. orgue.
Espagne. *Andarroa.* — Grand orgue.
Espagne *Arroyo del Puerco* — M S de ALDEGOR
ESPAGNE. *Azpeitia.* — Sanc. de Loyola : g. o
ESPAGNE. *Begona.* — N.-D. : grand orgue.
Espagne. *Bilbao.* — Eglise : grand orgue.
Espagne. *Durango.* — Collége St-François org.
Espagne. *Grenade.* — Cathédr. : orgue de ch.
Espagne. *Guetaria.* — Egl. Ste-Madeleine.
Espagne. *Irun.* — Egl. parois. : gr. org.
Espagne. — *Larrea.* — Carmes : grand orgue.
Espagne. *Lequeitio.* — Egl. Ste-Marie . g. or.
ESPAGNE. *Lerida.* — Cathéd. 2 gr. orgues
Espagne. *Madrid.* — Conservatoire royal.
Espagne *Madrid* — Or mod. p le p des Astur.
ESPAGNE. *Madrid.* — Egl. San Francisco g. or.
Espagne. *Madrid.* — Eg. St-Louis des Français.
Espagne. *Madrid.* — Orphelinat du S.-C. : g. o.
Espagne. *Madrid.* — Egl. de Peñuelas : g. or.
Espagne. *Madrid.* — Théâtre-Royal : gr. org.
Espagne. *Oyarzun.* — Egl par. : grand orgue.
Espagne. *Pasages.* — Orgue de chœur.
Espagne. *Santesteban.* — Egl. par. : gr. org.
Espagne. *St-Sébastien.* — M de la Miséricor.
Espagne. *St-Sébastien.* — Cat. Ste-Marie : g. or.
Espagne. *St-Sébastien.* — Eg. St-Vincent : g. or
Espagne. *St-Sébastien.* — C. de Ste-Thérèse.
Espagne. *Urnieta.* — Egl. par. : grand orgue.
Espagne. *Vitoria.* — Eglise St-Vincent.
GUADELOUPE. *Pointe-à-Pitre.* — E. p. : g. or.
Haïti. — Orgue d'accompagnement.
Havane. — Théâtre Tacon : org. d'accompag.
HOLLANDE. *Amsterdam.* — Gr. org. de 32 p.
HOLLANDE. *Amsterdam.* — St-August. : g. o.
Hollande. *Amsterdam.* — M. St-Bernard. : g. o.
HOLLANDE. — *La Haye.* Egl. Wallonne : g. o.

Hollande. — *Katwyk-s.-Rhin.*—Gym.:o. de c.
Inde. *Calcutta.*— M. Belfild Lefèvre : or. de s.
Indo-Chine. *Singapore.* — Or. d'accompagn.
Italie. *Rome.* — Col. américain. : gr. orgue.
Louisiane. *Paintcourville.* — Org. d'accomp.
Mexique. *Mazatlan.*—MM. Mitjans et Cie : g.o.
MARTINIQUE. *Fort-de France.* — E. p. : g. o.
MARTINIQUE. *Saint-Pierre.* — Cat. · g. org.
New-Orléans.— M. l'abbé Durier : or. d'acc.
Pérou. *Lima.*— Chapelle du S.-C. . gr. orgue.
Pérou. *Lima.* M. Dreyfuss ; orgue d'accomp.
Porto-Rico. — Eglise paroissiale.
Portugal. *Lisbonne.* — Chapelle Royale.
Portugal. *Lisbonne.*— St-Louis des Fr.:gr. o.

Portugal. *Lisbonne.*—D. de Palmella : o .de s
Portugal. *Lisbonne.*—D. de Palmella : o. de c
Portugal. *Lisbonne.* — Théâtre-Royal.
Rép. Argentine. *Buenos-Ayres.*—C. Salvador : g.o.
Roumanie. *Galatz.*—Egl. catholique. : gr. or.
Russie. *Rakiski.* — Grand orgue.
SUISSE. *Cologny.* — M. Maracci : *gr. or.* 32 *p.*
Suisse. *Genève.* — Théâtre : grand orgue.
Venezuela. *La Gueyra.* — MM. Thirion et Damien : grand orgue.
Venezuela. *Caracas.* — MM. Lassère frères.
Venezuela. *Merida y Macaraïbo.*
Venezuela *Maiqueitta.* — Grand orgue.

AMSTERDAM

ORGUE DU PALAIS DE L'INDUSTRIE
CONSTRUIT PAR M. A. CAVAILLÉ-COLL, A PARIS

SPÉCIMENS D'ORGUES

DE LA

MAISON A. CAVAILLÉ-COLL

13-15, AVENUE DU MAINE, 13-15

A PARIS

COMPOSITION DES JEUX DE L'ORGUE Nº 8

Clavier à mains, d'*ut* à *sol* (56 notes)

1º Bourdon (basses), 29 notes. . . . . . } 8 p. 56 tuyaux.
2º Bourdon (dessus), 27 notes. . . . . . }
3º Flûte . . . . 8 p. 56 —
4º Voix céleste. . . . . 8 p. 44 —
5º Prestant . . . . 4 p. 56 —
6º Doublette . . . . 2 p. 56 —
7º Basson (basses), 29 notes . . . . . } 8 p. 56 —
8º Hautbois (dessus), 27 notes . . . . }

Pédalier à tirasses, d'*ut* à *fa* (18 notes)

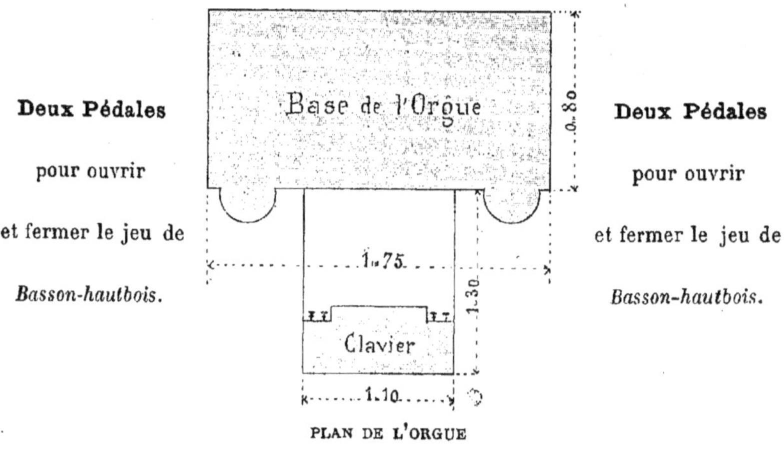

PLAN DE L'ORGUE

Deux Pédales

pour ouvrir

et fermer le jeu de

Basson-hautbois.

Deux Pédales

pour ouvrir

et fermer le jeu de

Basson-hautbois.

Buffet d'orgue en chêne, orné de tuyaux de montre en étain poli et bruni, conforme au dessin ci-contre.

Le prix de cet orgue, avec clavier adhérent, est de . . . . . . **6.000 fr.**
Le même orgue, avec clavier en console, est de . . . . **7.000 fr.**

Les prix ci-dessus supposent l'instrument livré dans mes magasins.
Les frais d'emballage, de transport et de pose sont à la charge des acquéreurs.

ORGUE Nº 8 (6 JEUX, 8 REGISTRES)

COMPOSITION DES JEUX DE L'ORGUE N° 17

POUR LE PLAN A

Clavier à mains, d'*ut* à *sol* (56 notes)

1° Montre	8 p.	56	tuyaux.
2° Bourdon (basses, 29 notes)			
3° Flûte harmonique (dessus, 27 notes)	8 p.	56	—
4° Voix céleste	8 p.	44	—
5° Prestant	4 p.	56	—
6° Octavin	2 p.	56	—
7° Trompette	8 p.	56	—
8° Hautbois (dessus, 27 notes)	8 p.	27	—

Pédalier à tirasses, d'*ut* à *sol* (20 notes)

1° **Une Pédale** pour ouvrir et fermer le jeu de *Trompette*.
2° **Une Pédale d'expression**.

N. B. — Tous les jeux de l'orgue sont enfermés dans une boîte expressive.

Buffet d'orgue en chêne conforme aux dessins ci-contre n° 17 (*roman*), ou n° 17 bis (*gothique*), au choix, avec claviers en console.

DIMENSIONS :

Hauteur	5m,15
Largeur	2m,50
Profondeur à la base	1m,40
Saillie des claviers	1m,30

Le prix de cet orgue, livré dans mes magasins, est de. . . . **10.000 fr.**

Les frais d'emballage, de transport et de pose sont à la charge des acquéreurs.

ORGUE Nº 17 (8 REGISTRES)
PLAN A

COMPOSITION DES JEUX DE L'ORGUE N° 17

POUR LE PLAN **B**

1ᵉʳ Clavier, Grand-Orgue, d'*ut* à *sol* (56 notes)				**2ᵉ Clavier, Récit expressif, d'*ut* à *so*** (56 notes)			
1° Montre	8 p.	56 tuy.		1° Viole de gambe	8 p.	56 tuy.
2° Bourdon	8 p.	56 —		2° Voix céleste	8 p.	44 —
3° Flûte harmonique	8 p.	56 —		3° Flûte octaviante	4 p.	56 —
4° Prestant	4 p.	56 —		4° Trompette	8 p.	56 —

Pédalier à tirasses, d'*ut* à *sol* (20 notes)

Pédales de combinaison.

1° Tirasse du *Grand-Orgue*.
2° Tirasse du *Récit expressif*.
3° Copula des claviers.
4° Appel et renvoi de la *Trompette*.
5° Expression du *Récit*.

Buffet d'orgue en chêne conforme aux dessins ci-contre n° 17 (*roman*), ou n° 17 *bis* (*gothique*), au choix, avec claviers en console.

DIMENSIONS :

Hauteur.	5ᵐ,15
Largeur.	2ᵐ,50
Profondeur à la base	1ᵐ,55
Saillie des claviers	1ᵐ,30

Le prix de cet orgue, livré dans mes magasins, est de. . . . **12.000 fr.**

Les frais d'emballage, de transport et de pose sont à la charge des acquéreurs.

ORGUE Nº 17 (8 JEUX)
PLAN B

COMPOSITION DES JEUX DE L'ORGUE N° 19

1ᵉʳ Clavier, Grand-Orgue, d'*ut* à *sol*
(56 notes)

1° Montre.	8 p.	56	tuy.
2° Bourdon.	8 p.	56	—
3° Flûte harmonique. .	8 p.	56	—
4° Unda-Maris . . .	8 p.	56	—
5° Prestant	4 p.	56	—
6° Octavin.	2 p.	56	—
7° Trompette. . . .	8 p.	56	...
8° Clairon	4 p.	56	—

2ᵉ Clavier, Récit expressif, d'*ut* à *sol*
(44 notes)

1° Flûte traversière .	8 p.	44	tuy.
2° Gambe	8 p.	44	—
3° Cor de nuit . . .	8 p.	44	—
4° Flûte octaviante . .	4 p.	44	—
5° Clarinette	8 p.	44	—
6° Hautbois.	8 p.	44	—

Pédalier

à

tirasses,

d'*ut* à *sol*

(20 notes).

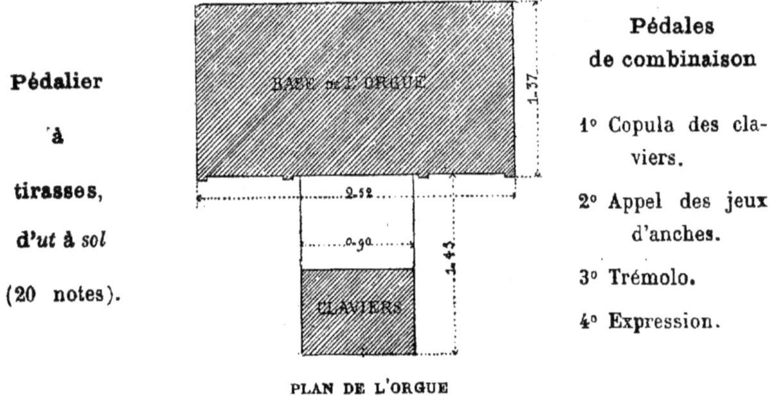

PLAN DE L'ORGUE

**Pédales
de combinaison**

1° Copula des claviers.

2° Appel des jeux d'anches.

3° Trémolo.

4° Expression.

Buffet en chêne conforme au dessin ci-contre, avec claviers en console.

Le **prix** de cet orgue, livré dans mes magasins, est de. . . . **14.000 fr.**

Les **frais** d'emballage, de **transport** et de pose sont à la charge des acquéreurs.

ORGUE N° 19

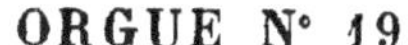

COMPOSITION DES JEUX DE L'ORGUE N° 9

1ᵉʳ Clavier, Grand-Orgue, d'*ut* à *sol*
(56 notes)

1° Bourdon . . . . 16 p. 56 tuy.
2° Montre . . . . . 8 p. 56 —
3° Flûte harmonique . 8 p. 56 —
4° Prestant . . . . 4 p. 56 —

2ᵉ Clavier, Récit expressif, d'*ut* à *sol*
(56 notes)

1° Cor de nuit . . . 8 p. 56 tuy.
2° Viole de gambe . . 8 p. 56 —
3° Voix céleste . . . 8 p. 44 —
4° Flûte octaviante . . 4 p. 56 —
5° Trompette . . . . 8 p. 56 —
6° Basson-hautbois . . 8 p. 56 —

Pédales de combinaison

1° Tirasse du *Grand-Orgue*.
2° Tirasse du *Récit expressif*.
3° Copula des claviers.

4° Appel et renvoi de la *Trompette*.
5° Trémolo.
6° Expression du *Récit*.

Pédalier à tirasses, d'*ut* à *fa* (30 notes)

PLAN DE L'ORGUE

Pédalier à tirasses, d'*ut* à *fa* (30 notes)

Buffet d'orgue conforme au dessin ci-contre, avec claviers en console.

Le prix de cet orgue, avec buffet en beau sapin du Nord, livré dans mes magasins, est de. . . . . **15.000 fr.**

Le même, avec buffet en chêne de choix. . . . . **16.000 fr.**

N. B. — L'orgue décrit ci-dessus, augmenté d'une pédale de *Soubasse* (16 p., 30 notes), empruntée au Grand-Orgue, et d'une pédale d'*Appel de Soubasse*, donnerait lieu à une dépense supplémentaire de. . . . . **1.000 fr.**

Le frais d'emballage, de transport et de pose sont à la charge des acquéreurs.

ORGUE N° 9 (12 JEUX)

N° 9

COMPOSITION DES JEUX DE L'ORGUE N° 18

1ᵉʳ Clavier, Grand-Orgue, *d'ut à sol*
(56 notes)

1° Bourdon,. . . . . . . 16 p. 56 tuy.

2° Montre.. . . . . . . 8 p. 56 —

3° Flûte harmonique . 8 p. 56 —

4° Prestant . . . . . . 4 p. 56 —

2ᵉ Clavier, Récit expressif. *d'ut à sol*
(56 notes)

1° Cor de nuit. . . . . 8 p. 56 tuy.

2° Viole de gambe. . . 8 p. 56 —

3° Voix céleste. . . . . 8 p. 44 —

4° Flûte octaviante. . . 4 p. 56 —

5° Trompette.. . . . . 8 p. 56 —

6° Basson-hautbois . . 8 p. 56 —

Clavier de pédales, d'ut à fa (30 notes).

1° Soubasse. . . . . . 16 p. 30 tuy. ‖ 2° Basse. . . . . 8 p. 30 tuy.

N. B. — Ces deux jeux sont empruntés aux claviers à mains.

**Pédales
de combinaison**

—

1° Tirasse du *Grand-Orgue.*

2° Tirasse du *Récit expressif.*

3° Copula des claviers.

4° Appel et renvoi de la *Trompette.*

5° Trémolo.

6° Expression du *Récit.*

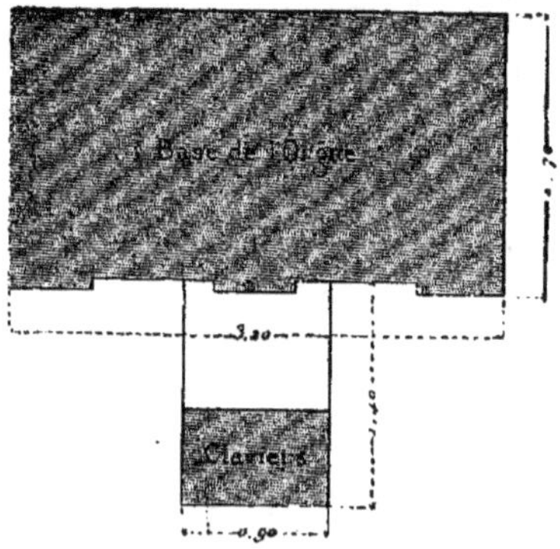

Buffet d'orgue conforme au dessin ci-contre, avec claviers en console

Le prix de cet orgue, livré dans mes magasins, est de . . **18.000 fr.**

Les frais d'emballage, de transport et de pose sont à la charge des acquéreurs.

ORGUE Nº 18

Nº 18

COMPOSITION DES JEUX DE L'ORGUE N° 15 BIS

1er Clavier, Grand-Orgue, d'*ut* à *sol* (56 notes)

1° Bourdon . . . . 16 p. 56 tuy.

2° Montre . . . . . 8 p. 56 —

3° Salicional . . . . 8 p. 56 —

4° Flûte harmonique . 8 p. 56 —

5° Prestant . . . . 4 p. 56 —

2e Clavier, Récit expressif, d'*ut* à *sol* (56 notes)

1° Cor de nuit. . . . 8 p. 56 tuy.

2° Viole de gambe . . 8 p. 56 —

3° Voix céleste . . . 8 p. 44 —

4° Flûte octaviante. . 4 p. 56 —

5° Trompette. . . . 8 p. 56 —

6° Basson-hautbois. . 8 p. 56 —

7° Clairon . . . . . 4 p. 56 —

Clavier de pédales, d'*ut* à *fa* (30 notes),

1° Soubasse . . . . 16 p. 30 tuy.

2° Basse ouverte. . . 8 p. 30 —

3° Bourdon doux. . . 8 p. 30 tuy.

4° Trompette. . . . 8 p. 30 —

N. B. — Ces quatre jeux sont empruntés aux deux claviers à mains.

Pédales de combinaison

—

1° Tirasse du *Grand-Orgue.*

2° Tirasse du *Récit expressif.*

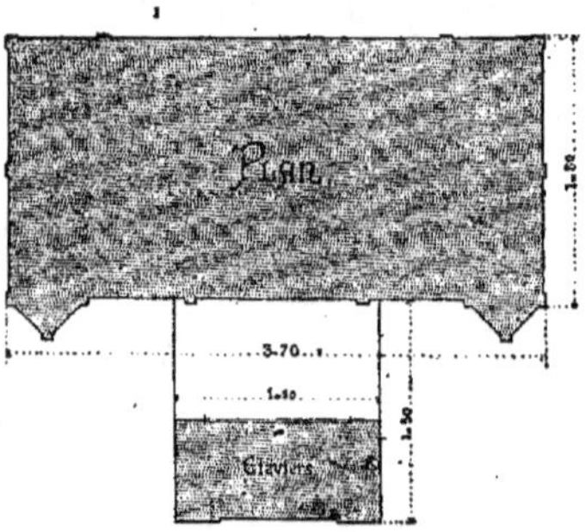

3° Copula des claviers.

4° Appel *Trompette* et *Clairon.*

5° Renvoi des mêmes jeux.

6° Trémolo.

7° Expression du *Récit.*

PLAN DE L'ORGUE

Buffet d'orgue en chêne conforme au dessin ci-contre, avec claviers en console.

Le prix de cet orgue, livré dans mes magasins, est de . . . **25.000 fr.**

Les frais d'emballage, de transport et de pose sont à la charge des acquéreurs.

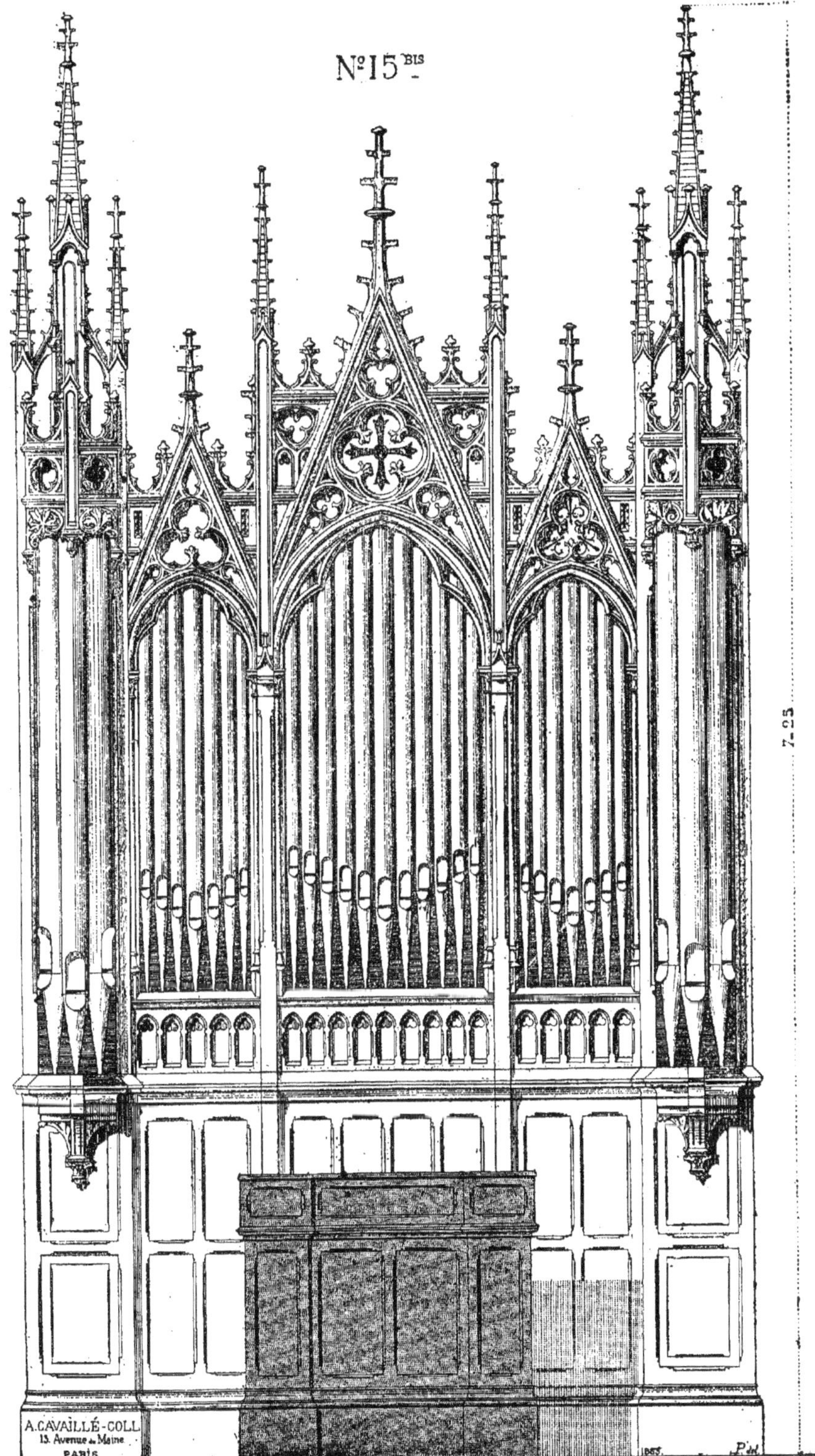
A. CAVAILLÉ-COLL
13, Avenue du Maine
PARIS

COMPOSITION DES JEUX DE L'ORGUE N° 21

1er Clavier, Grand-Orgue d'*ut* à *sol*

(56 notes)

1° Bourdon.	16 p.	56 tuy.
2° Montre.	8 p.	56 —
3° Salicional..	8 p.	56 —
4° Bourdon.	8 p.	56 —
5° Flûte harmonique .	8 p.	56 —
6° Prestant.	4 p.	56 —

2° Clavier Récit expressif d'*ut* à *sol*.

(56 notes).

1° Flûte traversière. . .	8 p.	56 tuy.
2° Viole de gambe.. . .	8 p.	56 —
3° Voix céleste.	8 p.	44 —
4° Flûte octaviante.. . .	4 p.	56 —
5° Octavin.	2 p.	56 —
6° Basson..	16 p.	56 —
7° Trompette..	8 p.	56 —
8° Basson-hautbois.. . .	8 p.	56 —
ou Clairon 4 p.		

Clavier de pédales, d'*ut* à *fa* (30 notes)

1° Soubasse.	16 p.	3° Basse..	8 p
2° Bourdon..	8 p.	4° Basson.	16 p.

N. B. — Ces quatre jeux sont empruntés aux claviers à mains.

Pédales de combinaison

—

1° Effets d'orage

2° Tirasse du Grand-Orgue.

3° Tirasse du *Récit*.

4° Copula des claviers.

5° Appel des jeux d'anche.

6° Trémolo.

7° Expression du *Récit*.

Buffet d'orgue en chêne conforme au dessin ci-contre, avec claviers en console.

Le prix de cet orgue, livré dans mes magasins, est de. . . **30.000 fr.**

Les frais d'emballage, de transport et de pose sont à la charge des acquéreurs.

NOTA. — Tout en conservant le même buffet, il peut être tiré de l'orgue désigné ci-dessus une composition moins importante, et par conséquent d'une valeur moindre proportionnelle à la réduction, avec ou sans pédale empruntée, au choix de l'acquéreur.

ORGUE N° 21

COMPOSITION DES JEUX DE L'ORGUE N° 22

1er Clavier, Grand-Orgue, d'*ut* à *sol*,
(56 notes)

1° Bourdon. . . . . . . 16 p.   56 tuy.
2° Montre. . . . . 8 p.   56 —
3° Flûte harmonique.. 8 p.   56 —
4° Salicional. . . . . . 8 p.   56 —
5° Bourdon. . . . . . . 8 p.   56 —
6° Prestant. . . . . . . 4 p.   56 —
7° Flûte douce. . . . . 4 p.   56 —
8° Doublette. . . . . . 2 p.   56 —
9° Plein-jeu.. . . . . . 5 rgs.280 —
10° Basson.. . . . . . . 16 p.   56 —
11° Trompette. . . . . . 8 p.   56 —
12° Clairon.. . . . . . . 4 p.   56 —

2e Clavier, Récit expressif, d'*ut* à *sol*
(56 notes)

1° Flûte traversière. . . . 8 p. 56 tuy.
2° Viole de gambe.. . . . . 8 p. 56 —
3° Voix céleste . . . . . . 8 p. 44 —
4° Flûte octaviante. . . . 4 p. 56 —
5° Octavin. . . . . 2 p. 56 —
6° Trompette.. . . . . . . 8 p. 56 —
7° Basson-hautbois. . . . 8 p. 56 —
8° Voix humaine.. . . . . 8 p. 56 —

Clavier à pédales, d'*ut* à *fa* (30 notes).

1° Soubasse . . . . 16 p.   3° Bourdon. . . . . 8 p.
2° Basse. . . . . 8 p.   4° Basson. . . . . 16 p.

N. B. — Ces quatre jeux sont empruntés aux claviers à mains.

Pédales

de

combinaison

—

1° Effets d'orage.

2° Tirasse du *Grand-Orgue*.

3° Tirasse du *Récit*.

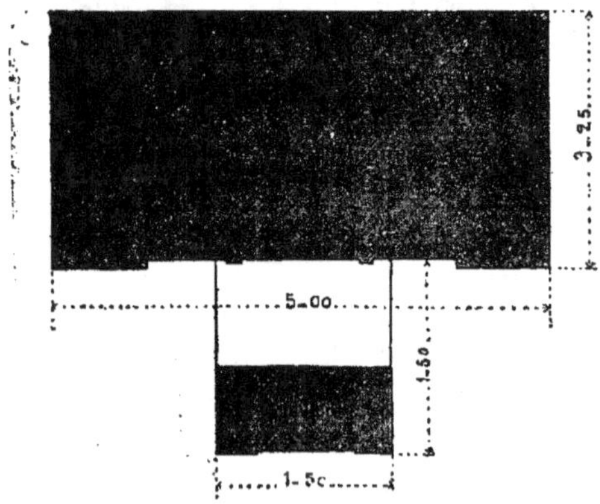

4° Combinaison *Grand-Orgue*.

5° Appel des jeux d'anche du *Récit*.

6° Copula des claviers.

7° Trémolo.

8° Expression du *Récit*.

Buffet d'orgue en chêne conforme au dessin ci-contre, avec claviers en console.

Le prix de cet orgue, livré dans mes magasins, est de . . **40.000 fr.**

Les frais d'emballage, de transport et de pose sont à la charge des acquéreurs.

ORGUE N° 22

N°. 22

COMPOSITION D'UN ORGUE DE 24 JEUX

A DEUX CLAVIERS ET PÉDALIER COMPLETS

1er Clavier, Grand-Orgue, d'*ut* à *sol* (56 notes).

				Jeux de Combinaison		
1º Bourdon.	16 p.	56 tuy.				
2º Montre.	8 p.	56 —				
3º Flûte harmonique	8 p.	56 —		8º Doublette.	2 p.	56 tuy.
4º Salicional.	8 p.	56 —		9º Plein-jeu.	5 rgs.	280 —
5º Bourdon.	8 p.	56 —		10º Basson.	16 p.	56 —
6º Prestant.	4 p.	56 —		11º Trompette	8 p.	56 —
7º Flûte douce.	4 p.	56 —		12º Clairon	4 p.	56 —

2e Clavier, Récit expressif, d'*ut* à *sol* (56 notes).

1º Flûte traversière	8 p.	56 tuy.		5º Octavin.	2 p.	56 tuy.
2º Viole de gambe	8 p.	56 —		6º Trompette	8 p.	56 —
3º Voix céleste.	8 p.	44 —		7º Basson-hautbois.	8 p.	56 —
4º Flûte octaviante.	4 p.	56 —		8º Voix humaine	8 p.	56 —

Clavier de Pédales, d'*ut* à *fa* (30 notes).

1º Contrebasse.	16 p.	30 tuy.		3º Basse.	8 p.	30 tuy.
2º Soubasse	16 p.	30 —		4º Bombarde.	16 p.	30 —

Pédales de Combinaison

1º Effets d'orage.	7º Combinaison du Grand-Orgue.
2º Tirasses du Grand-Orgue.	8º Combinaison du Récit.
3º Tirasses du Récit.	9º Anches pédale.
4º Copula Grand-Orgue.	10º Expression du Récit.
5º Octaves graves Grand-Orgue.	11º Trémolo agissant sur le Récit.
6º Copula Récit Grand-Orgue.	

Cet orgue pourrait être enfermé dans un *Buffet* analogue au modèle nᵒ 22.

Le prix de l'orgue ainsi établi, livré dans mes magasins, est de . **50.000 fr.**

Les frais d'emballage, de transport et de pose sont à la charge des acquéreurs.

COMPOSITION D'UN ORGUE DE 30 JEUX

A TROIS CLAVIERS ET PÉDALIER COMPLETS

1er Clavier, Grand-Orgue, d'*ut* à *sol* (56 notes).

1º Bourdon	16 p.	56 tuy.		**Jeux de Combinaison.**			
2º Montre	8 p.	56 —					
3º Flûte harmonique	8 p.	56 —		8º Doublette	2 p.	56 tuy.
4º Salicional	8 p.	56 —		9º Plein-jeu	5 rgs.	280 —
5º Bourdon	8 p.	56 —		10º Basson	16 p.	56 —
6º Prestant	4 p.	56 —		11º Trompette	8 p.	56 —
7º Flûte douce	4 p.	56 —		12º Clairon	4 p.	56 —

2º Clavier, Positif, d'*ut* à *sol* (56 notes)

1º Salicional	8 p.	56 tuy.	4º Flûte douce	4 p.	56 tuy.
2º Cor de nuit	8 p.	56 —	5º Flageolet	2 p.	56 —
3º Unda-Maris	8 p.	44 —	6º Clarinette	8 p.	56 —

3e Clavier, Récit expressif, d'*ut* à *sol* (56 notes).

1º Flûte traversière	8 p.	56 tuy.	5º Octavin	2 p.	56 tuy.
2º Viole de gambe	8 p.	56 —	6º Trompette	8 p.	56 —
3º Voix céleste	8 p.	44 —	7º Basson-hautbois	8 p.	56 —
4º Flûte octaviante	4 p.	56 —	8º Voix humaine	8 p.	56 —

Clavier de Pédales, d'*ut* à *fa* (30 notes).

1º Contrebasse	16 p.	30 tuy.	3º Basse	8 p.	30 tuy.
2º Soubasse	16 p.	30 —	4º Bombarde	16 p.	30 —

Pédales de Combinaison.

1º Effets d'orage.	7º Combinaison du Grand-Orgue.
2º Tirasses du Grand-Orgue.	8º Combinaison du Récit.
3º Tirasses du Récit.	9º Anches pédales.
4º Copula Grand-Orgue.	10º Expression du Récit.
5º Octaves graves Grand-Orgue.	11º Trémolo agissant sur le Récit.
6º Copula Récit Grand-Orgue.	

Cet orgue pourrait être enfermé dans un *Buffet* analogue au modèle n° 22.

Le prix de l'orgue ainsi établi, livré dans mes magasins, est de .   **60.000 fr.**

Les frais d'emballage, de transport et de pose sont à la charge des acquéreurs.